Couverture inférieure manquante

DISPARITION DU QUARTIER MAL FAMÉ

ÉTUDE

HUMORISTIQUE & PSYCHOLOGIQUE

Viraclaud et ses Habitants

PAR J. R. LABAUCE

> .... O naufrage insondable !
> *Un jour j'ai vu passer une enfant formidable,*
> *Une fille..............................*
> *..............................*
> *On eut dit que sur terre elle n'avait plus d'âme,*
> *Qu'elle ignorait nos voix, qu'elle était de la nuit,*
> *Ayant la forme humaine et marchant dans ce bruit.*
> V. HUGO.

PRIX : 60 centimes

LIMOGES

Imprimerie F. PLAINEMAISON, rue Manigne, 17 bis.

1897

VILLE DE LIMOGES

DISPARITION DU QUARTIER MAL FAMÉ

ÉTUDE

HUMORISTIQUE & PSYCHOLOGIQUE

Viraclaud et ses Habitants

Par J. R. LABAUCE

.... O naufrage insondable !
Un jour j'ai vu passer une enfant formidable,
Une fille.............. ....
....
On eut dit que sur terre elle n'avait plus d'âme,
Qu'elle ignorait nos voix, qu'elle était de la nuit,
Ayant la forme humaine et marchant dans ce bruit.
V. HUGO.

LIMOGES
Imp. F. PLAINEMAISON, rue Manigne, 17 bis.

1897

AVIS

Au moment où va disparaître un des plus anciens quartiers de Limoges, spécial, pittoresque et légendaire, qualifié généralement d'excentrique bien qu'il se trouve au cœur même de la ville, un petit livre comme celui-ci nous a paru devoir intéresser.

Notre intention n'est pas de traiter une question d'archéologie, ni de remonter à l'origine de ce pâté de maisons dont le torchis et les charpentes ont tenu bon contre les siècles ; nous voulons donner un tableau de ces rues typiques, mettre leurs habitants sous les yeux, faire toucher du doigt une des plus tristes plaies du monde.

Alexandre Dumas parlant de Marguerite Gauthier disait : « nous ne faisons pas d'immoralité à plaisir. » Nous répétons ici ses paroles et pensant qu'il faut connaître le mal pour le prévenir et le danger pour se mettre en garde contre lui, nous écrivons pour être utile autant que pour être agréable.

Le quartier Viraclaud

Pourquoi le mal ?..

Faut-il qu'il y ait des âmes perverties au milieu de nous ? Faut-il que le vice attaque et ronge certains cœurs destinés à lui servir de pâture, à jouer le rôle du morceau de chair que l'on jette à la bête féroce prête à dévorer le troupeau.

Nous répondons : peut-être !

Quoi qu'il en soit de cette nécessité, l'existence du mal est un fait ; il est reçu que certaines personnes s'avilissent, descendent jusqu'à la fange, se ravalent jusqu'à la brute, anéantissent en elles tout sentiment de pudeur, et cela pour jamais, car si on cherche à *prévenir* dans les individus l'affaiblissement et la perte de la moralité, on tente à peine de *combattre* ce terrible mal. Les êtres atteints se voient abandonnés ; c'est à peine si quelques-uns de ceux qui les aiment essayent de les retenir un instant sur la pente où ils roulent sans en avoir conscience ; la plaie dont ils sont couverts tend à se répandre autour d'eux ; tout le monde les fuit comme les anciens fuyaient les infortunés lépreux.

Afin d'arrêter la contagion, les hommes ont établi, dans la plupart des villes populeuses, de vrais cordons sanitaires, entassant le vice en un même lieu, reléguant ce que l'on nomme la *fille* dans des sortes de maisons-geôles et de quartiers perdus où les regards, ni les pas de la foule ne peuvent s'égarer.

Quand les rues destinées à recevoir les malheureuses femmes, victimes et distributrices du plaisir, sont étroites et malpropres, quand le seul aspect de leurs maisons inspire la répugnance, elles sont bonnes et bien choisies; car on ne met pas la boue dans les vases d'or, ni le poison dans des coupes enduites de miel. Pour des corps fanés et vieillis à vingt ans, il faut des habitations noires, sortes de tombeaux destinés à cacher le spectacle de la décrépitude, plus horrible que celui de la mort.

Partant de ces principes et nous plaçant à ce point de vue, nous pouvons dire que Limoges est une des villes de France les mieux dotées : elle possède le quartier *Viraclaud*, vrai type de son genre, qui mérite par cela d'être peint avant l'exécution de l'arrêt venant de le condamner à disparaître.

. . . .

I

Aspect général

————

Quand la nuit commence à blanchir, le promeneur entrant en ville par une grande route ou marchant au petit pas sur un boulevard, reçoit d'étranges impressions. Rien ne s'agite encore, tout est silencieux et tout semble dormir; seul un frémissement léger, précurseur de la houle, fait songer à l'éveil. D'où vient-il ? on ne peut le dire ; c'est la synthèse de tous les sons faibles passant intacts dans l'air calme du matin ; c'est le bruit de quelque porte discrètement ouverte, le pas d'un ouvrier matineux portant son pied lourd sur le pavé qui grince au contact des clous, le trot d'un cheval traînant une voiture chargée de légumes et de provisions pour la journée, le murmure de l'eau coulant sur le bord des trottoirs. Les bitumes humides laissent monter la fraîcheur ; la rosée va doucement en un fin brouillard jusqu'au sommet des maisons et des édifices ; les volets laissent parfois glisser et tomber une goutte formée par les milliers de goutelettes posées sur eux dans la nuit. A cette heure, la ville peut faire naître les émotions causées par le spectacle de la vraie nature et des champs : on peut y rêver, on devine l'immensité dans le silence. Mais avant que la chaleur du jour ait fait du brouillard une fumée, la plupart des persiennes montrent la face ; les rayons du soleil viennent scintiller sur les vitres qu'ils teignent d'écarlate ; tout s'éveille, la foule commence à bourdonner ; on entend le roulement des voitures, le bruit des marteaux et des machines, le son des pas et des voix ; c'est un fourmillement tumultueux et bruyant qui cessera par degrés dans le crépuscule comme il est venu par degrés dans l'aurore et commencera de nouveau demain.

Il est difficile de croire, au milieu de cette agitation, que tout ne se meut pas : une partie de la ville demeure cependant en repos jusqu'au milieu du jour, et *Viraclaud* sommeille pendant que tout s'agite autour de lui. Le promeneur égaré dans ses rues pourrait se croire dans une cité morte. Le soleil par qui tout s'anime éclaire là des maisons immobiles comme des rochers ; les rayons viennent frapper sur des contrevents mal peints en vert, en bleu, bariolés de couleurs bizarres, rongés dans les coins par le temps et la vermine; puis longeant les murs sales et décrépis, vont se refléter pâles et presque éteints sous les poutres vermoulues du toit. Les fenêtres des étages, pour la plupart dépourvues de ces fermetures en bois massif dont sont munies les plus basses pour les préserver des regards indiscrets, laissent apercevoir des chassis noirs, plaqués de verres petits, malpropres et faux, à travers qui les objets se déforment pour apparaître plus laids encore. On distingue le plus ordinairement derrière eux des rideaux épais, rouges ou blancs ; mais cette dernière couleur se devine plutôt qu'elle ne se voit, car elle a souvent presque entièrement disparu sous la sombre épaisseur de la crasse. Quand il apparaît une guipure, non seulement elle est tachée, mise de travers, mais la plupart du temps encore, ornée de trous de toutes les dimensions, déchirures que jamais l'aiguille ne songe à rattraper. On s'étonne que la femme, si minutieuse par instinct, en quête d'une petite chose à mettre en place, d'un pli d'étoffe à corriger, d'une ombre à faire disparaître ou d'un grain de poussière à chasser, soit capable de s'oublier elle-même ainsi, de sortir en quelque sorte de sa propre nature, pour devenir insouciante et vile, pour se complaire dans la pourriture et le désordre ; elle que sa beauté semblait destiner à vivre dans les fleurs.

Mais le moment n'est pas venu de pénétrer les secrets des demeures ; examinons seulement les dehors. Tous les murs sont lézardés de traînées sombres creusées par la pluie tombant du sommet à la base en mille gouttières et portant avec elle une grande partie des saletés de la toiture. Celle-ci, faite de tuiles autrefois rouges et maintenant d'un gris sombre, laisse par cent fissures pénétrer l'eau dans les greniers. On néglige les mesures hygiéniques les plus élémentaires : point d'égouttoirs et point d'éviers ; il n'y a là que des masures abandonnées, vouées à l'écroulement prochain, si la pioche ne vient assez tôt hâter l'œuvre du temps. Quelques murs ont déjà cédé sous le poids des charpentes.

Les constructions laissent entre elles, sur les derrières, des espaces qualifiés de cours, toujours humides, boueux, salis par la dégradation des crépissages et dont chacun se mesure en quelques mètres carrés ; on les voit sillonnés d'un bout à l'autre et dans tous les sens de cordes presque pourries sur lesquelles on a posé de petits jupons courts ornés de fines dentelles, de longs bas noirs légers, rayés de jaune ou de rouge sous le mollet, des pantalons de soie garnis de volants, une foule de vêtements de formes extraordinaires et de couleurs voyantes..

Le quartier n'est pas assez étendu pour qu'il ne soit possible de s'y retrouver, même sans avoir une grande habitude. La place Sainte-Rochette peut en être considérée comme le centre ; elle n'a pas dans sa plus grande longueur plus d'une trentaine de mètres. Sur l'une des maisons qui la bordent, se voit une statue de la sainte, placée dans une niche de bois. On se rappelle à cette vue les réunions faites autrefois, dit-on, par nos ancêtres, le soir, autour des images des saints patrons à qui les jeunes filles adressaient des prières avec des chants. C'est le cas ou jamais de s'écrier avec assurance, *autres temps, autres mœurs*, car tout est bien changé : *ces dames* chantent, mais tout autre chose que des cantiques.

Toutes les maisons de commerce, magasins bas aux grossières devantures, peuvent être désignées sous le nom générique de *caboulot*, mot plein d'énergie, comme la plupart de ceux venus de l'argot, spontanément et naïvement lancés par la bouche du peuple. Le matin, les portes se ferment au lieu de s'ouvrir et laissent au dehors, souvent épars, les débris amassés dans les salles ; un tombereau les prendra, s'ils n'ont été traînés par la pluie dans les caniveaux creusés un peu partout, car la place est en pente et tellement en mauvais état qu'on la croirait pavée en cascades. La plupart des rues y aboutissent et viennent y prendre un peu d'air et de clarté. Les maisons, trop hautes pour l'étroitesse des voies dont on franchirait la largeur en trois pas, ne permettent point au plein jour de se faire sur le sol. Si les ruelles ne se coupent ordinairement pas en angles saillants, elles ne laissent pas de former çà et là de petits carrefours propres aux coups de mains. Le tout ne saurait porter le nom de labyrinthe ;

c'est plutôt un coupe-gorge, une souricière dont il est difficile de s'évader si l'on est poursuivi. Qui pourra dénombrer jamais les hommes sortis de là couverts d'ecchymoses, les coups portés en traître aux visiteurs solitaires, les grivèleries, les escroqueries, les vols dont *le silence et l'ombre* furent les seuls témoins? La justice ne va guère jusqu'à la dernière classe de l'humanité; on ne demande pas contre celle-ci l'application des lois; on se sent coupable d'avoir été battu quand il était si facile d'éviter les attaques. Combien de *noctambules*, avant d'arriver au seuil de leurs portes ont fait des stations près des bornes-fontaines pour effacer les traces d'une lutte; combien se sont reposés sur le perron d'un hôtel, attendant la force disparue de leurs membres frappés; combien enfin, de peur d'éveiller leurs épouses, ont négligé la nuit le secours du flambeau et se sont mis au lit à la sourdine, comptant sur les réparations du sommeil.

Viraclaud n'existe bien que dans les ténèbres : c'est le hibou à qui la lumière ferme les yeux, paisible durant le jour, guettant sa proie quand vient le soir et la dévorant en pleine ombre. Souvent la dixième heure sonne et trouve encore les portes closes. Quand l'une d'elles s'ouvre enfin, c'est un bruit de clefs tournées, de verrous tirés, de crochets enlevés, de barreaux déplacés; on croirait être en face d'une entrée de prison. La masse tourne enfin sur ses gonds pour donner accès dans la rue à quelque femme de quarante à soixante ans, nu-tête, les cheveux lissés, vêtue généralement d'habits sombres et portant sur l'avant-bras un énorme panier d'osier jaune. C'est la *bonne* de la maison de tolérance qui part aux provisions. Elle ne manque presque jamais d'être suivie d'un petit toutou blanc ou noir, de race anglaise, portant au cou le ruban rouge ou bleu délicieusement attaché par sa maîtresse en un floquet s'étalant dans le poil, au-dessus du cou. C'est l'être aimé, le chéri, le mignon, qui goûte aux plats avant tout le monde, à qui l'on prépare même un déjeuner spécial avec de la brioche et de la crème au chocolat, qui peut sans crainte de reproches couvrir d'ordures toute la maison, choyé, caressé, soigneusement débarrassé par de fines mains de tous les parasites susceptibles de loger sur sa peau, niché l'hiver au meilleur coin du foyer, l'été dans l'endroit le plus frais du salon et chaque nuit couché sur le même oreiller que sa maîtresse. C'est le jouet des moments de plaisir, le confident à qui l'on dit ses peines dans les heures de chagrin, le seul ami fidèle, le seul qui veuille être aimé parce qu'il ne connaît pas le cœur de l'amante, pleuré quand il meurt, empaillé, mis sur un meuble et vénéré. La servante l'amène et se retourne dix fois tous les cent pas de peur qu'il ne s'égare ou ne tombe sous la patte de quelque dogue son confrère ; «pstt, pstt, viens vite, viens vite ! » et ces mots dits d'une voix fluette et bien connue font accourir *le petit monsieur* qui semble, à chaque instant prêt de fléchir sur ses jambes grêles. On le prend au cou pour traverser les endroits malpropres, car il faut le ramener tout à fait intact, sous peine de trouver une femme affolée comme une mère à qui l'on rapporterait son petit enfant mort.

Ce tableau pourra sembler trop fort en couleur à quelques-uns, mais ceux qui ont vu les choses de près, le trouveront loin de toute exagération.

La bonne va et le chien qui la suit est comme une marque à laquelle on peut la reconnaître n'importe où. Faire le marché n'est pas une longue affaire : l'itinéraire est tracé d'avance, les fournisseurs ont donné des abonnements, le tour est vite achevé.

Quand revient *Madame la Seconde*, (nom que l'on donne à ces soubrettes de mauvais lieux), c'est le moment où le quartier sort quelque peu de sa torpeur. Bien des portes se sont ouvertes ; les fenêtres ont demandé l'air frais et pur. Dans leurs embrasures ont paru des femmes en longs peignoirs, les cheveux négligemment plaqués sur la tête avec une seule épingle et s'ébouriffant de tous côtés pour encadrer un visage fatigué, portant sur les pommettes et sur les yeux le rouge vif et tranché du sommeil. C'est ainsi que la *fille* sera jusqu'au soir : elle n'attend personne et l'occupation de sa journée sera comme on dit vulgairement de tuer les heures. Les moyens pour cela ne manquent pas et la conversation est, de tous, le plus employé. On se réunit dans une chambre, trois ou quatre luronnes et l'on jase et l'on rit : quoi faire de mieux pour oublier de pleurer! Celles qui sont coquettes s'occupent à raccommoder. On travaille généralement sur le devant des portes, quand la saison le permet, et c'est alors un spectacle bizarre que tous ces morceaux d'étoffes de couleurs frappantes, remués par les mains qui les façonnent ; rien n'est mieux fait pour rappeler l'aspect d'une rue le jour du mardi gras.

Le quartier n'est pas autrement animé avant le soir ; de rares passants, blanchisseurs, boulangers, marchands de laine, de fil, d'aiguilles, de pantoufles, de peignes à décrasser, de peignes à démêler, de couteaux, de ciseaux et de mille autres menus objets, vendeurs traînant sur de petites voitures leurs bazars ambulants, viennent offrir aux habitants l'indispensable de chaque jour ; on a coutume de les voir, ils passent inaperçus. Un étranger mené là par le hasard, serait examiné, considéré, suivi des yeux comme s'il venait des antipodes.

Au crépuscule, tout le monde rentre ; les chambres s'éclairent, envoient au dehors les lueurs transmises par les plafonds ; il y en a de roses, de bleues, de vertes ou de jaunes suivant la transparence des abat-jour. Il est temps de songer aux préparatifs, au maquillage, à la réfection des tableaux ; on se pare, on s'atiffe pour offrir aux yeux ce que j'appellerai la contrefaçon du beau, le *simili-frais*.

Nous assisterons plus tard à ce genre de toilette ; contentons-nous pour le moment de savoir qu'il consiste non pas à débarrasser la peau des matières salissantes, mais à la voiler par une couche de graisse blanche quelconque, susceptible de retenir un nuage de poudre de riz, soigneusement conservée dans un petit pot et baptisée par le marchand d'un nom baroque terminé en *cream*.

C'est enfin l'heure du remuement, l'agiot, l'heure où l'on demande à la fortune le pain du jour suivant, où selon le terme si souvent répété, on se *débrouille* afin de ne pas mourir.

Le premier assaut est pour la troupe : c'est dans l'ordre ! Les casernes ouvrent leurs portes à cinq heures et bien astiqué le pioupiou prend le chemin du bouge et vient oublier dans les yeux d'une grosse et douce bonne, rieuse et pas sauvage, les mots rudoyants de ses chefs. Le dragon paré de son casque à crinière fait résonner ses bottes sur le pavé ; ce n'est pas d'ailleurs le seul moyen qu'il ait d'indiquer sa présence : il laisse traîner en effet le bout de son sabre, produisant un bruit de ferraille bien caractéristique et bien fait pour *troubler les cervelles.* On s'apostrophe au passage et dans aucun lieu du monde, les théories des égalitaires ne sont mieux observées au moins dans les termes : le tutoiement est de rigueur, le mot citoyen est seulement remplacé par différents termes désignés en grammaire sous le nom d'adjectifs qualificatifs, mais dont jamais le dictionnaire de l'Académie n'a donné le sens. A neuf heures, plus de basanes, plus de culottes rouges, excepté cependant les dimanches et jours de fêtes où nos jeunes gens obtiennent des permissions de spectacles *et en profitent.*

Les rues sont devenues silencieuses ; c'est le moment des bonnes affaires ; le marché bat son plein. On ne crie plus, on parle à voix basse, on débat les prix avec conviction, en gens honnêtes, connaissant le *lapin* pour en avoir mangé quelquefois en bonne compagnie, mais n'en ayant jamais fait usage pour acquitter une dette. Le client qui vient seul entre dans la rue comme une flèche, va généralement droit au but, sérieux, regardant seulement devant lui, car il sait où il dirige ses pas, arrive, donne la main ou frappe discrètement trois coups, passe deux mots et disparaît dans un couloir. Quelqu'un le suivant à dix pas serait tenté de le croire accompagné d'un chien, tant retentit fréquemment à son passage, le sifflement particulier de la langue et des dents par lequel on appelle habituellement cet animal.

Quand les visiteurs sont en nombre, ils ne craignent pas de s'arrêter, de causer, de recevoir ou d'envoyer un mot plaisant de goût douteux. Quelquefois on organise une partie, on fait une tournée, on rit, on chante, on gesticule et tâchant d'oublier qu'on est homme, on abolit pour un instant toutes ses facultés. Devant ces groupes, toutes les portes se ferment. Alors dix ou quinze jeunes gens, rangés silencieusement à la file, contre un mur, attendent que le premier du monome ait obtenu l'ouverture pour se précipiter comme une avalanche et remplir une maison de leurs encombrantes et bruyantes personnes. Ils entrent, vont dans tous les appartements et tous les coins, quelquefois même usent et abusent de ce qu'ils trouvent, saluent et se retirent avant que la police ait accouru. Cependant ils ne manquent pas d'éducation, pour la plupart; mais il y a des heures où les gens les mieux élevés deviennent cyniques et ces heures sonnent en général dans les ténèbres.

Après minuit se font entendre çà et là des cris, des appels, des rires sonores, des claquements de portes fermées ; il y a rarement de grosses bagarres : on vide les querelles à deux ou trois, dans un coin, en silence, de peur d'attirer les gens armés qui veillent. Dans ces luttes, le bruit des coups retentit lourd et sonore dans un mélange de jurons étouffés, de gémissements et de râclements de souliers sur le sol. L'agent de service dans le quartier, bien plié dans son manteau, ne soupçonnant rien de ce qui se passe, approche à pas lents de la sentinelle du poste. Il avise d'un geste le brigadier, chasseur ou dragon, chargé de commander la garde ; celui-ci fait un signe ; quatre hommes se lèvent, s'étirent, se munissent doucement de leurs carabines et se rangent près de l'agent ; deux autres suivent, les mains libres, et ces huit hommes vont par leur aspect effrayer ceux qui seraient tentés de mal faire. En tout comparables aux épouvantails dressés dans les champs pour mettre les oiseaux en fuite, ils sont utiles parce qu'on les redoute, mais on n'a pas d'exemple qu'ils aient vraiment sévi ; d'ailleurs, il est si facile de les éviter. Leur approche est indiquée par le rythme de leurs pas. Il serait mieux peut-être de les chausser à la légère, imitant la nature qui n'a pas muni d'un sabot le pied du chat, cet animal étant fait pour chasser la souris. On laisse passer la patrouille, on se dérobe comme dit la ritournelle :

Aux yeux matrimoniaux
Des gardes municipaux,

puis on recommence de plus belle, pendant que les hommes de guerre, regagnent avec lenteur la planche de chêne où vont s'étendre leurs membres fatigués.

Enfin tous les bruits cessent, toutes les portes se ferment, les feux s'éteignent et comme les autres quartiers de la ville, celui dont nous venons d'esquisser la physionomie, repose dans l'ombre et le silence.

II

Les maisons

Il y a deux genres d'établissements : l'un dont on s'occupe, à qui l'on donne un règlement, petite administration avec ses rouages et ses faveurs toutes dues à la beauté ; l'autre particulier, inconnu, caché, sur qui l'on ferme les yeux, mille fois plus redoutable que le premier.

La maison de tolérance proprement dite comprend une salle de réception. C'est un genre de salon à compagnie, dont l'inspection suffit à renseigner sur les moyens des maîtres de céans.

Quelques-uns, rares, ont eu l'avantage de recevoir les attouchements de la cire, étendue sur leurs planchers comme une glace. Des lustres fixés aux plafonds avec des reliefs de carton-pierre, envoient dans tous les coins les lueurs franches du gaz. En hiver, un foyer garni d'une grille chargée de combustibles entretient une agréable chaleur.

Sur les murs couverts de papier-tapis imitation Gobelins, sont accrochés des tableaux semblant avoir été créés tout exprès pour ces sortes d'appartements : Psyché devant le tribunal de Vénus, Léda, statue de Galathée, l'éducation de l'Amour, Bacchus et Ariane, puis des toiles sans titre, dont les auteurs n'ont sans doute pu trouver dans la langue des mots assez petits, assez mesquins, pour nommer leurs œuvres.

La garniture de la salle est résumée dans les sièges. Parfois un piano mal accordé présente aux amateurs ses touches brunies par les doigts de plusieurs générations. Tout autre meuble serait inutile, encombrant même : il faut pouvoir, au cas où survient un joueur, faire toutes les figures du quadrille y compris le galop.

Sur les canapés et les fauteuils en velours sont groupés les objets du commerce. Pour l'étalage, ils sont avantageusement parés ; puis ils posent. Il faut avoir du talent pour réussir dans ce genre et c'est là presque tout le métier, l'essentiel. De belles étoffes empilées derrière une glace ne font aucun effet ; rangées au contraire en éventail, ondulées, plissées, moutonnées, des toiles communes attirent le regard et décident le passant.

Il faut savoir mettre en évidence le bras ou la jambe, montrer la gorge, passer les boucles par dessus les épaules et les envoyer sur les seins, rire à propos, montrer les dents, faire la moue, prendre des airs langoureux ou libertins, en un mot se tenir.

Les vêtements aident beaucoup à l'inexpérience. Ils se composent d'une jupe courte allant à peine au-dessous du genou, et laissant apercevoir une chatoyeuse jarretière bouclée sur un bas noir où le mollet se dessine. Le buste est couvert à moitié par un genre de corset fait de satin et retenu sur les épaules. Les bras sont nus, si l'on excepte le bracelet, *en or quelquefois* ; une chaîne retenant un médaillon, une breloque, une croix même, (on voit de ces étrangetés, car la femme n'envisage que la forme et non la signification de la parure), tranchent sur la blancheur du cou.

Il va sans dire que les fabricants de poudre à toilette trouvent leur compte dans ces sortes d'arrangements : toutes les parties du corps laissées nues sont littéralement couvertes de blanc, hormis les joues et les lèvres où sont placés le fard et le carmin.

En examinant ces créatures on se souvient malgré soi de ces jeunes artistes présentées aux foires par les baladins dans des costumes de jongleuses bohémiennes. Le bariolage, les brillants, les falbalas, rien ne manque. Il y a dans ces sortes de filles je ne sais quoi d'extraordinaire, d'attrayant qui fait songer non pas à l'idéal dans la grâce naïve, dans la simplicité, mais s'il est permis de s'exprimer de la sorte, à l'idéal dans le vice et la friponnerie.

Cette mise en scène du plaisir semble avoir été découverte par une imagination comparable à celle de Satan prenant la figure du monstre pour tenter Ève. Tout est hideux ou à peu près dans ces femmes vendues à prix fixe, mais il y a chez elle cette fascination du serpent qui mène à la mort, cet attrait du mal contre lequel un esprit jeune, bouillant, impressionnable, peut à grand peine résister. Le jeune homme à l'intelligence pratique rira peut-être en se moquant, mais le rêveur, trouvant là quelque chose de sentimental et de simple, se plongera dans la vase en croyant entrer dans l'eau claire.

Nous disons dans l'eau claire parcequ'il y a dans l'arrangement des filles de *beaux* salons, cette propreté qui fait songer au cristal. Mais tous les salons ne sont pas beaux.

Partant du plus élégant pour aller à celui dont les murs dégreutés et nus n'ont jamais vu autre chose qu'une vieille table accompagnée d'un banc vermoulu, on en rencontre une série. Dans les uns manque le piano, dans les autres la cire ou les tableaux, puis les canapés et les fauteuils sont remplacés par des chaises ; plus de lustres, plus de grilles : une chandelle dans un mauvais bougeoir, deux tisons sur qui la flamme passa jadis un instant, remplacent tout cela.

Dans quelques maisons, les salles de réception sont tout au plus comparables à de vilains greniers.

Basses, poussiéreuses, vides, elles semblent être des réservoirs de miasmes humides et d'odeurs infectes. La seule considération capable d'empêcher un homme propre de s'y trouver mal est celle-ci : que l'air pur soufflette la porte au dehors et qu'on va le retrouver en sortant; le seul mouvement digne consiste à prendre à grands pas le chemin de la sortie.

Les filles qui sont là singent tant bien que mal leurs sœurs plus fortunées. Il y a la même chamarrure de couleurs, mais les étoffes sont de mauvaise qualité; s'il se trouve du satin, ce sont des morceaux, des échancrures, disposés le mieux qu'il est possible. Les bijoux et les parures font défaut, ou bien c'est l'excès contraire : ils s'étalent énormes sur toute la personne, c'est une hypertrophie des joyaux; ajoutons vite que l'analyse y dénoncerait l'absence des métaux précieux en y dénotant la présence de tous les autres jusqu'au fer blanc.

Sous le rapport de la beauté comme sous celui de la fraîcheur, les objets présentés n'excellent pas. Ce sont pour la plupart, on nous passera le mot de Montaigne, de véritables *trongnes*. Il n'y a rien dans la vie commune qui puisse donner une idée, même approchée de ces sortes de figures: des têtes de bacchantes et d'ivrognesses portées sur de beaux corps de femmes. La peau n'a pas conservé la transparence et l'incarnat marques de la jeunesse; la débauche les a fait disparaître sous les rides précoces ; les mains trop coquettes les ont cachés sous les couleurs d'emprunt.

Au temps où ces malheureuses comptaient parmi les vierges, elles n'étaient peut-être pas citées comme belles ; imaginez-vous, dès lors quel aspect repoussant elles doivent avoir quand les ongles de la débauche ont labouré leurs faces.

J. de Maistre a parlé quelque part du bonheur d'être père ; il a fait un récit touchant de la félicité de sentir vivre un autre soi-même ; mais aux grandes joies correspondent les grandes amertumes et je voudrais bien savoir s'il y a quelque peine morale plus douloureuse que celle d'avoir donné le jour à une fille vendue. Quel homme n'aimerait pas mieux clouer de ses propres mains le cercueil de ses enfants que de les voir atteints de l'amour du vice, puis de cette folie et de ce désespoir qui les jettent pour jamais dans le rebut des êtres humains ?

Mais revenons à notre sujet.

La maison du second genre, dont nous avons mentionné plus haut l'existence, n'est pas organisée d'après un réglement : elle est habitée par des indépendantes.

On y pénètre par un long couloir où deux personnes iraient à peine de front et qui se termine en cul de sac. L'escalier n'a jamais connu la clarté : quand on le gravit, on éprouve la sensation de l'homme qui monte d'un souterrain. Il donne accès à trois ou quatre étages sur les paliers desquels se trouvent les portes. Celles-ci sont en grand nombre car une même personne habite rarement deux pièces.

Les appartements se louent meublés, car on est dans la maison comme l'oiseau sur la branche : une dispute, un coup de langue, un rien et l'on part la veille d'une échéance redoutée.

La garniture d'une chambre comprend d'abord un lit pas luxueux, bas, qui reçut peut-être dans ses bois neufs le corps d'un marquis ou d'un baron, mais depuis un siècle traîné de salle des ventes en salle des ventes, reverni, recollé, retapé, rapiécé, gémissant au moindre choc. Une paillasse, un matelas raide et plat comme une galette de trois jours, servent de base ; une courte-pointe recouvre le tout. L'usage des couvertures blanches est inconnu : il faut quelque chose de moins salissant et de plus solide ; on trouve quelquefois un édredon, puis un couvre-lit ; ce superflu sert de cache-misère.

Après ce meuble indispensable, on trouve le canapé. Ce n'est pas un objet de luxe, une chose inutile : c'est un lit n° 2, pour la journée, bien cher il est vrai, mais nécessaire à la pauvre fille comme le diamant au malheureux vitrier : c'est un outil.

Deux ou trois chaises mal paillées garnissent les coins. Un vieux bahut, baptisé du nom pompeux d'armoire est debout le long du mur principal dont il assombrit encore la surface. A l'intérieur de cette sorte de placard portatif, sont placés le linge et les effets d'habillement. Le tout bien empaqueté ne formerait pas un bien gros ballot ; c'est qu'il faut être *à l'ordonnance*, pouvoir en cas d'évènement plier ses hardes dans une chemise et déménager à pas de chat en les portant entre l'avant-bras et la hanche.

Une table servant à la toilette est placée dans l'endroit le plus clair, c'est-à-dire près de l'unique fenêtre. Elle est surmontée d'une glace, dont la surface bosselée rend très infidèlement les images, ce qui nécessite l'installation au moyen d'une pointe, sur la boiserie, près des vitres, d'un miroir cylindrique, acheté vingt centimes dans un bazar et grâce auquel on peut se voir nature et s'admirer. Sur le marbre quand il y en a, se voit une quantité de petits flacons vides à peu près tous et dont le premier fut débouché sous l'empire. Près d'eux s'étale une série de boîtes variées de formes et contenant une foule de matières destinées à rendre les femmes belles. La plupart des dames du monde pourraient en donner en détail les noms et les propriétés.

Les filles mangent au restaurant ; c'est un peu coûteux mais bien plus commode et moins fatigant. Puis la nécessité contraint : la restauratrice fait crédit, tandis qu'il faudrait avoir l'argent en main pour s'approvisionner chaque jour. Quelques-unes cependant font leur cuisine par goût du tripotage ou par répugnance des plats d'auberge. Dans ce cas, elles n'ont pas d'appartement spécialement destiné à cet office ; la chambre à coucher sert à toutes les fins. Elle acquiert par cela une odeur permanente de graillon qui en rendrait le séjour insupportable aux amis du grand air.

Nulle part ailleurs on ne voisine comme là : une seule maison entend plus de paroles dans un jour que le Palais Bourbon dans trois séances. Les hommes que l'on y rencontre pendant le jour sont sans cesse les mêmes ; ils sortent, ils vont, se promènent, rentrent sans inquiétude. Le soir, changement de personnages ! Ceux-ci disparaissent pour faire place à d'autres qui se retirent à leur tour après minuit tandis que les premiers reviennent. C'est un perpétuel mouvement. Les uns payent à la boisson le tribut payé par les autres à la luxure et le même argent sert à la satisfaction de tous ces plaisirs.

Au total qu'avons-nous rencontré dans les différentes maisons ? Le vice, l'oisiveté, la laideur. Est-il permis de supposer qu'au milieu de tout cela puisse exister l'aisance ? Non. Le plus grand nombre des habitants sont dans la misère et ne font aucun effort pour en sortir. Ils vivent au jour le jour, jetant de la main gauche ce qui leur est tombé dans la main droite, connaissant les avantages de l'argent par l'usage que l'on peut en faire pour satisfaire sans distinction tous ses désirs ; faisant peu de cas d'être convenables, manquant du sens de la vie commune, se targuant parfois de vertu, courageux et dévoués à l'occasion.

Ils font disparaître un chagrin par une joie qui devient la créatrice de mille peines, agissant en cela comme les piocheurs qui dit-on faisaient un trou pour en boucher un autre.

La grande, la vénérée consolation, c'est l'alcool. S'il y avait une boisson qui produisit sur l'esprit l'effet du gaz hilariant, on en vendrait des hectolitres chaque jour. Faute de mieux, on sert de l'eau-de-vie commune, de la fine Champagne à trois sous le verre, de l'absinthe, capable de noyer en moins d'un instant la plus grosse peine de cœur, du rhum de la Jamaïque ou d'ailleurs, de tous les amers et de tous les digestifs connus.

Les pièces d'or tombées dans le quartier depuis sa création ont fait vivre les habitants, mis les propriétaires dans l'aisance, mais n'ont enrichi que les marchands de vins et les distillateurs.

Nous avons pénétré dans les maisons dont les habitants se nourrissent de la vente plus ou moins avantageuse du plaisir. Les immeubles de ce genre forment la plus grande partie du quartier. Mais hâtons-nous de le dire, il ne faudrait pas condamner une personne disant : « J'habite ou j'habitais les rues de *Viraclaud*. » Des pauvres, des individualités dans une situation précaire soiit venu parfois y chercher un abri pas cher.

Le fait pour exceptionnel qu'il est, n'en méritait pas moins d'être signalé.

III

Les habitants

Il y a dans le monde trois types de femmes bien caractérisés. Les jeunes, puis celles qui sont entre deux âges et celles enfin qui vont à grand pas vers la mort par le chemin de la vieillesse.

Les particularités à signaler dans chacune sont nombreuses, mais elles se multiplient encore, s'accentuent et deviennent comiques si on les considère non pas dans les épouses, mais dans les filles de plaisir.

Les jeunes d'abord peuvent être belles ou laides. Dans le premier cas, ce sont de petits démons orgueilleux sous des formes gracieuses. A leurs yeux tout est bleu, elles croient être nées pour la joie, ne voient pas plus loin que le bout de leurs seins roses, profitent de l'heure qui passe, ne songent pas à celle qui vient, amies de la gaité, riantes, jamais en pleurs, se réservant des larmes pour l'avenir, folâtrant sur la route enchantée qui mène vite au seuil d'un hôpital. Recherchées, sûres des affaires, elles ne sortent pour ainsi dire pas, sont même obligées de fermer leurs portes, de se cacher, de promettre à tout le monde ce qu'elles savent ne pouvoir tenir, toujours pardonnées parcequ'elles sont mutines et connaissent l'art de mentir avec les airs de la franchise.

Ce ne sont pas seulement les hommes qui font la chaîne sur les talons de la jolie fille : elle traîne encore une foule d'amies dont elle est la conseillère et la providence.

Ces sortes de compagnes ont deux langues et deux figures, servant, les unes à parler en face, les autres à causer à demi-voix dans de petits *apartés* où les critiques tombent serrées comme grêle sur le dos de l'absente.

Devant elle on pleure : « O ma chère ! tu es bien heureuse toi ! Mais moi, crois-tu que je n'ai pas trop de malheur de ne rien *faire* et d'être obligée de rester au lit toute la journée ! je n'ai pas l'argent de ma soupe ! » Et l'amie plus à l'aise, après avoir fait quelques remontrances, après avoir indiqué la façon de ne pas être sans le sou quand vient le jour, invite l'infortunée à partager sa pitance, elle qui sait *plumer les pigeons ?*

Il semblerait que le bienfait reçu dut emporter la reconnaissance, mais les femmes sont nées jalouses et jamais aucune n'a pardonné à sa voisine d'être belle ! C'est pourquoi, le soir, quand on ne sent plus la faim, en faisant la digestion du repas

offert, on abat sa langue sur l'amie au cœur généreux qui l'offrit. On lui trouve des défauts, elle se
figure n'avoir jamais besoin de personue, elle est
trop fière, elle ne sait pas ce qui lui pend au nez;
peut-être un jour elle mourra de faim, etc, etc. »

Mais si la belle de qui l'on parle survient tout-
à-coup, silence, puis changement de scène et
langage nouveau : « ma petite, qu'est-ce que tu
payes ? Puis en buvant : « tu me prêteras ta
robe mauve, ce soir, dis ? et ton collet, avec ton
chapeau à plumes ? — Oui. — Et tes caoutchoucs..
dis ?.,. avec ton boa, n'est-ce-pas ? — Oui. — Tu
seras bien mignonne, va!...

La fille qui demande ainsi n'est pas riche ! Elle
porte sur elle tout ce qu'elle a.. N'étant pas arrivée
des premières à la distribution des grâces, elle a
connu de la vie tous les déboires. Quoique jeune
encore elle n'est pas aimée et souffre d'autant plus
que, toutes les femmes pensant être des anges de
beauté, jamais sa laideur ne lui est apparu ; elle
se croit tout bonnement poursuivie par le mauvais
destin. Ses yeux connaissent les larmes et son
âme connait l'ennui ; mais tout cela ne sert pas
à la rendre meilleure : l'espérance ne l'abandonne
jamais et ce sentiment la maintenant dans la
voie mauvaise, l'y soutient, comme le plaisir y
soutient celle qui se sent aimée. Au demeurant,
le résultat est le même pour les deux ; leurs voies
différentes aboutissent au même point et comme

dit Pascal : « le dernier acte est toujours *triste* quelque belle que soit la comédie en tout le reste. »

Quand vient pour chacune l'âge mûr, celle qui fut belle a des restes, celle qui fut jeune seulement n'a plus rien. La première vit maintenant comme vivait autrefois la seconde : par la flatterie. Le peu d'amateurs dont il lui est encore possible de tirer quelque chose suffit à peine à son entretien, d'autant qu'elle a pris des habitudes ruineuses : soit la fréquentation du restaurant-buvette, soit celle du magasin de nouveautés. L'aiguillon du repentir commence à glisser dans le cœur sa pointe acérée ; mais il n'est plus temps de reculer, on est enlisé jusqu'à la ceinture.

Celle qui fut laide a cherché déjà pour subvenir à ses besoins des moyens plus honnêtes et c'est peut-être le dédommagement réservé à ses souffrances passées : le travail de ses mains rachète un peu sa vie coulée dans le sans-souci, dans la mollesse et dans l'oisiveté. Elle est devenue servante de cabaret. Son métier par lui-même est honorable et digne ; mais il arrive trop souvent que pour la *bonne à tout faire*, les moyens odieux sont licites quand ils rapportent. Elle devient alors commissionnaire salariée, chargée de billets et de confidences, observatrice et rapporteuse, capable de brouiller tout un quartier dans le même jour et mettant au service de ses clients toute l'expérience des roueries, acquise par elle dans sa sa jeunesse.

Quand la femme devient ce que l'on nomme vulgairement *intermédiaire*, c'est un monstre : sous des apparences plus honnêtes, elle porte au fond du cœur toutes les canailleries et tous les vices.

Enfin le temps passe et l'âge arrive. La mort traînée par la débauche a déjà mis un terme à la vie de bien des filles. Quelques-unes cependant, ou mieux constituées ou moins susceptibles, ayant conservé toute la tranquillité de leur conscience au milieu de vilaines agitations, ayant dit une bonne fois « ça m'est égal » s'étant fait un cœur dur comme la pierre et léger comme le duvet, subsistent encore.

On ne distingue plus ni laides ni belles; tous les charmes ont disparu. Mais la fortune a toujours favorisé celle dont les yeux plaisaient jadis et les quelques économies qu'elle a faites dans l'âge mur, lui permettent d'être aujourd'hui commerçante. Son amie vit de charités.

Les genres de commerce où la vieille peut exercer ses dispositions et ses talents ne sont pas en grand nombre. Trois ou quatre au plus.

Si elle a pu éviter d'avoir maille à partir avec la police, on lui permet d'établir une maison de tolérance dont elle devient la directrice. Ce n'est pas une sinécure de mener le radeau. Quand on a vécu toujours loin de la contrainte, habituée à ne s'occuper de personne, à ne pas se demander à six heures ce qu'on mangera à sept, il est pénible d'avoir tout un petit mauvais peuple à gouverner, de tenir la queue d'une poële où les carpillons se révoltent et font des sauts pour ne pas frire. Il n'y a pas au monde une autorité sur laquelle tombent plus de critiques : c'est peut-être juste ? Les subordonnées ont les muscles moteurs de la langue développés au point qu'il est impossible à cet organe de rester en place. La maîtresse de maison n'ignore pas toutes les médisances débitées à son adresse, mais elle sait par expérience que le silence est d'or, et se tait pour laisser dire. L'âge des cancans est passé ; depuis longtemps il a fait place à celui de l'avarice. Rien ne l'émotionne et tout va bien quand la vieille chaussette de laine enfle sous la pression des pièces d'argent. Comme Chicaneau des plaideurs, elle dirait facilement : « frappe ! j'ai quatre enfants à nourrir. » Les humiliations sont douces quand elles portent leur dédommagement en monnaie.

La raison dont la fille a manqué jusqu'à la vieillesse, est apparue tout-à-coup ; mais n'ayant pas trouvé pour la modérer la sage expérience de la vie réglée, elle a passé le but. On pense à vivre quand il faudrait songer à mourir, et c'est un pied dans la tombe qu'on appelle à grands cris la fortune et la sagesse.

Comme tout autre établissement de commerce, la *maison*, a des voyageurs ou plutôt des voyageuses et c'est un des emplois pour lesquels on demande des vieilles.

Mise proprement, coiffée d'un élégant chapeau à plumes, encapuchonnée, la chercheuse de filles bat les pavés des grands centres. Son nez crochu, sa bouche dont toutes les dents ont disparu, sa peau ridée, ses yeux caves, son front chauve couvert de postiches en papillottes, tout met à l'esprit le souvenir d'une sorcière de Macbeth.

A l'affût des abandonnées, ces femmes vont et reviennent, s'approchent discrètement des groupes, fréquentent les cafés de nuit, observent, causent ; dans leur sagacité, s'adressent généralement à coup sûr et font leurs propositions à des têtes de choix. Elles imitent le loup qui, dit Buffon, rôde longtemps autour du troupeau, se fait petit, se cache et s'élance enfin sur le plus beau mouton. Mais on n'enlève pas de force une personne libre : il faut lui faire accepter son malheur. La vieille alors est habile à convaincre ; ses moyens de persuader ne logeraient pas dans le sac du plus fin renard. Que de promesses ne fait-elle pas ? On croirait à l'entendre qu'elle est une envoyée des cieux et qu'elle tient à sa disposition les clefs d'un paradis terrestre.

Malgré tout quelquefois, elle manque de réussir et ce n'est pas de sa faute, car de tous les métiers elle fait bien le plus ingrat et le plus difficile. On y gagne son pain, mais il faut avoir d'indignes et rares dispositions.

C'est pourquoi souvent on préfère devenir locataire principale d'une maison meublée. Dans ce cas, on ne fait rien d'inqualifiable ; on conserve seulement à peu près tous les défauts acquis. L'oisiveté règne encore sur toute la personne, quelques instants à peine étant consacrés chaque jour à la gérance de l'immeuble. Les heures sont employées à faire sa toilette (à se rendre jeune !) puis à chercher les moyens de louer vingt sous de plus telle ou telle chambre du premier ou du second étage. Quand une porte s'ouvre, vite la propriétaire se met aux écoutes pour savoir qui entre ou qui sort et ses observations de la veille font l'objet de sa conversation du jour. Elle est potinière à coup sûr, parle de tous à tous, tantôt en bien, tantôt en mal suivant l'impression du moment.

La maîtresse de pension est un autre genre de vieille, peut être le plus détestable et le moins franc. Elle a des moyens spéciaux pour mener l'argent au sac, attire à son comptoir ou à sa table toutes les filles des environs, ferme les yeux sur ce qui se passe, fait un étalage ridicule de pruderie, verse à boire à tout le monde jusqu'à la mort, feint de s'apitoyer sur le malheur des autres et serre à les couper les cordons de sa bourse.

Pour tout ce monde en un mot, la doctrine de l'intérêt fait loi. La chose n'a rien de surprenant, quand la plupart des hommes ont adopté les conclusions de la philosophie anglaise.

IV

La journée d'une fille

La faim, dit-on, sort le loup du bois ; elle sort de même la fille de son lit quand l'Angelus de midi va faire entendre son premier coup. A quoi bon se lever plus tôt ? Le temps passé dans les draps est pris sur l'ennui. Que pourrait-on faire de six ou sept heures du matin jusqu'au déjeuner ? Et puis, il faut bien dormir, quand on a cessé de veiller longtemps après minuit.

Au moment où les autres femmes regagnent leurs maisons pour donner un peu de nourriture aux estomacs délabrés par cinq heures de travail, la dormeuse ouvre les yeux. Le plus ou moins de clarté de sa chambre et les bruits de la rue lui servent d'horloge : elle sait l'heure à peu près, par habitude. Le réveil et le saut du lit ne se suivent jamais sans intervalle. Il faut le temps de bâiller, de s'étirer, de réfléchir, les yeux mollement et indéfiniment fixés au plafond ou sur les vitres. Quand vient enfin le moment de quitter le coussin, la fille tend les bras vers un peignoir de couleur accroché à un clou le long du mur, enfile doucement les manches, descend du lit, boutonne et se trouve prête pour la journée.

Elle part déjeuner. Quand le repas se fait attendre, elle reste souvent à l'auberge, allant de l'un à l'autre, étudiant les figures et les moyens, tâchant de voir s'il n'y a pas une âme assez bonne pour offrir un apéritif. Cette dame ne mangerait pas sans avoir bu son Pernot, comme un cuirassier. « Que prendra Mademoiselle », dit la bonne d'une voix câline. « Tu le sais bien » répond l'autre d'un ton gaillard et fier, « Absinthe, nature ! »

Il y a des jours cependant où la meilleure boisson du monde est sans attrait et ces jours sont des lendemains de nuits blanches. Quand on a bu la veille plus d'alcool et plus de vin que le gouvernement n'en donne au troupier pour se soutenir pendant six mois ; quand on a rendu cet excès par toute sa chambre avant d'avoir pu s'approcher du vase hygiénique tant on est ivre, alors dis-je, un verre d'eau sucrée constitue la meilleure des boissons, la seule dont on ait quelque envie. Ces jours-là, on est sourd à la voix de la *patronne* venant dire à l'oreille, avec un petit clignement d'yeux significatif : « le *type* du coin ! »

Dans son négligé, la fille trouve des amateurs. Le peu de beauté qui lui reste apparaît tout dans ce naturel. Jamais la toilette exagérée n'embellira la femme ; les ouvrières en longs sarraus, quittant leurs ateliers le matin, *pour la soupe*, seront toujours plus admirables que les élégantes en robes de soie, dont le visage est soigneusement refait chaque matin. C'est pourquoi la propriétaire-maîtresse d'hôtel se garde bien de faire aucune observation sur la tenue de sa pensionnaire : le sans-gêne lui plaît ! Mais celle-ci n'est pas de bonne humeur. Elle regagne lentement sa chambre.

Là, tout est pêle-mêle ; les tables, les chaises, les couvertures sont hors de place. Ne croyez pas que l'inoccupée va mettre un peu d'ordre autour d'elle. Accoudée sur la fenêtre, elle regarde le ciel, les cailloux de la rue, ou la maison bâtie en face. Elle songe ! A quoi ? Nul ne le sait. Mais les pensées courant dans son cerveau n'ont pas l'air égayantes, car son visage est triste. Dans la solitude, on se souvient ; loin du bruit, les pensées délicates et pures balancent doucement le cœur. On se rappelle avec regrets les jours calmes de son enfance, on a sur la joue l'impression du baiser d'amour donné par sa mère et de la caresse posée tendrement par la grosse main de son père. On devine au delà des murailles noires une vie plus calme et plus douce, dont on est éloigné pour toujours. La tristesse envahirait l'âme dans ces heures et serait peut-être d'un salutaire effet, si quelque amie plus en joie n'ouvrait gaîment et ne venait mettre en fuite les idées sombres.

Il n'y a pas une grande variété de programmes pour l'après-déjeuner.

Le jeu de cartes est une des distractions les plus recherchées. Il peut devenir dans certains cas une vraie passion, capable de faire oublier toutes les autres. A deux heures du soir, certaines femmes entreprennent une partie, suivie bientôt d'une autre, puis d'une autre, puis d'une quatrième, ainsi de suite, en sorte que la dernière s'achève à deux heures du matin, quand le sommeil étend les joueuses sur ou sous les tables. Durant tout ce temps, elles n'ont pas songé à manger, mais elles n'ont pas oublié de boire.

La plupart cependant, il faut le reconnaître, jouent avec moins d'entrain : uniquement pour se distraire.

Les différents jeux communément reçus ne sont pas les seuls passe-temps que ces dames aient la faculté de s'offrir avec les trente-deux morceaux de carton vendus par l'Etat. Toutes, sans exception, sont plus ou moins sorcières et tireuses de cartes : c'est là sans contredit un trait saillant de leur caractère, une manie, un défaut inhérent à leur nature, à leur genre, comme certaines autres manies et certains autres défauts sont inhérents à d'autres catégories d'êtres.

Toujours inquiètes de ce que l'avenir fera d'elles, n'ayant personne à qui se fier dans le malheur, la fille demande au hasard de lui dire où voguera sa barque vermoulue, qui, comme celle de *Caron*, fait eau de toutes parts. Il y a cent façons différentes de consulter le destin. Certaines sont très compliquées : il faut être versé dans le métier pour en sortir. Mais aussi, comme elles sont meilleures ! On sait à coup sûr qui vous aime, qui vous hait, qui vous trompe, qui vous porte malheur. Le pique annonce les pleurs, le trèfle la fortune, le cœur est messager d'amour, le carreau porteur de nouvelles. Hélas ! combien se sont endormies avec la faim, le porte-monnaie vide, après avoir sorti huit trèfles dans le jeu !

Ces passe-temps amènent la nuit. Les flambeaux s'allument, les volets se ferment ; la toilette va commencer.

La mise en état de la chambre demande à peine cinq minutes. Remonter les couvertures sur le traversin, donner deux ou trois coups du bout des doigts sur l'édredon, traîner un instant la balayette au milieu du plancher, dresser la table, porter les chaises près des murs, voilà toute l'affaire.

En ce qui concerne les soins demandés par l'élémentaire propreté, la fille agit comme tout le monde, à quelques exceptions près. Ce qui la fait considérer comme une personne malpropre est cette particularité qu'elle se lève, se néglige et s'arrange seulement le soir ; elle est pendant la nuit comme le commun des femmes pendant le jour; avec une différence pourtant, résultat du maquillage, sur lequel on nous permettra d'attirer l'attention.

Les cheveux, les oreilles, les joues, les yeux, les lèvres, le menton, le cou, sont traités chacun à leur manière. Les mains et les ongles ne reçoivent pas de soins particuliers : on néglige ces parties éloignées, auxquelles pour l'ordinaire les visiteurs s'arrêtent peu, n'étant généralement pas de haute noblesse. Les cheveux, coupés sur le front, sont frisés tout autour de la tête au moyen d'un fer qui les brûle et leur communique une odeur fort désagréable. Le reste est simplement ondulé. (Ondulé! comme c'est beau !) Les oreilles sont vigoureusement frictionnées du plat de la main, ce qui leur communique une transparence vive du plus bel effet. Un peu de rouge sur les ourlets ne gâte pas la chose. Les joues, le front, le nez, sont graissés de vaseline ou de cold-cream, puis couverts de poudre de riz. Les pommettes reçoivent, au moyen du fard, une couleur tendre, douce à l'œil, mais loin d'égaler en finesse le rose frais des vierges de seize ans. Cette partie de la toilette est essentielle ; on a vu des filles manquant de rouge, cracher sur des feuilles de papier teint et les frotter ensuite sur leur peau ! Les lèvres sont enduites de carmin en couche telle qu'il ne serait pas inutile de mettre sur le nez un petit écriteau avec ces mots : *prenez garde à la peinture*. Le menton légèrement touché par le bâton de fard, présente une pointe rose d'un ridicule parfait. Le cou doit être sans rides et ce n'est pas le moindre travail que de faire disparaître une à une les traces profondes creusées en biais depuis les oreilles jusqu'à la naissance des seins. Mais *la patience et le blanc* viennent à bout de tout. Les cils et les sourcils sont rendus noirs par le contact d'un crayon gras qu'on laisse glisser parfois jusqu'à la paupière inférieure, afin de se donner des airs de fatigue et d'anémie. Tous ces petits soins du visage demandent par jour une heure et demie, deux heures au plus, après lesquelles on a sous les yeux quelque chose d'effrayant, une figure de plâtre grimée au pinceau, une tête de cire comme celles dont les coiffeurs et les marchands de chapeaux ornent leurs devantures, environnée d'une atmosphère d'odeurs malsaines, sans expression, sans grâce, incapable de plaire, qui fait horreur quand on a rêvé des beautés comme *La Jeune Tarentine* ou *Graziella*.

La fille est prête enfin. Cinq ou six mouches adroitement posées avec le bout d'une allumette brûlée, et le guet commence. Le nez à la fenêtre, la travailleuse s'efforce d'indiquer sa présence à tous les passants : lançant le « psstt » traditionnel et commun, faisant entendre un râclement du gosier ou vocalisant des variations d'airs inconnus. Sur cent appels, quatre-vingt-dix-neuf sont faits en vain ; le centième s'adresse mieux et rapporte. C'est peu, mais la femme vit avec cela.

Dans les mauvais jours, bravant la surveillance de la police, elle quitte sa chambre, se faufile jusqu'aux abords des grandes voies, et là, fait ses offres de bas genre, On a peine à croire de semblables choses. Il faut que la nécessité soit bien violente pour jeter ainsi dans la rue des êtres en qui la nature avait mis tant de pudeur ! L'instinct de la conservation prime souvent tous les autres et les tue : la faim ne discute pas. Les malheureuses créatures ne sont plus coupables à cette heure : elles évitent de mourir par le seul moyen qu'elles aient encore. Le poids d'une première faute commise les écrase, inévitablement ! Elles s'humilient jusqu'à l'acceptation des actes les plus honteux et les plus avilissants, reçoivent sans mot dire les injures et les brutalités ; elles sont demeurées faibles tout en perdant le droit au respect qui rend la femme du monde aussi forte que l'homme, son protecteur.

Quand un bon diable veut offrir un petit réveillon, deux amies s'installent à ses côtés chez la restauratrice et tout le monde charge l'appareil digestif jusqu'au matin. Il est de rigueur que le généreux compère en prenne jusqu'à rouler et chante à la société la plus belle romance de ses cartons. On l'écoute religieusement, poliment, sans l'interrompre. Il s'arrête, voit ses auditeurs endormis, ferme les yeux comme les autres, les ouvre trois heures après au poste de police et cherche avec angoisse les quelques pièces d'or qui brillaient la veille dans sa bourse de cuir.

Ne regrette rien, pauvre naïf! Prends seulement une leçon. Celles qui mangeront demain avec ton argent si généreusement offert, bénissent ta mémoire et te guetteront longtemps encore. Mais prends garde! ne sois pas dupe, et comme le corbeau de la fable, jure *une bonne fois* qu'on ne t'y prendra plus.

V

Un coup de balai

Limoges va perdre Viraclaud. Qui le regrette ? Personne, nous aimons à le croire.

Par la démolition de tous les immeubles situés entre la rue des Combes et le boulevard Montmailler, par l'établissement à leur place de maisons solides, de monuments aux vastes proportions, laissant entre eux de larges rues, la ville acquerra la beauté dont elle a manqué jusqu'ici.

Les étrangers se plaisent à nommer Limoges comme le type des cités laides et sans agréments. Il y a cependant de belles avenues, de belles places, des boulevards d'une largeur convenable. L'entretien des voies est fait, dira-t-on, sans esprit de suite, avec négligence. Peut-être ! mais n'en est-il pas de même dans toutes les villes de province. Quiconque a parcouru la France, avouera, s'il est impartial, que le chef-lieu de la Haute-Vienne est un des centres industriels les plus propres. Chacun son genre. On ne peut demander au mécanicien d'être mis comme le rentier, ni à Limoges d'être blanche comme Vichy.

Mais l'appréciation des gens de passage ne surprend pas quand on considère les màsures bâties au cœur même de la cité. Viraclaud fait dans Limoges l'effet d'un gros kiste sur un beau visage. N'avait-on pas raison de trouver celà disgracieux. Le kiste enfin disparaît.

> *« Quand une fois le vrai s'est mis en route, il va*
> *Droit au but, et toujours l'avenir arriva. »*

Si on voulait nous permettre une comparaison bien propre à donner une idée de l'état des choses, nous dirions que Limoges était comparable à l'une de ces filles dont nous avons parlé : tête de seize ans portant des yeux de quatre-vingts, en apparence. Le maquillage s'imposait; mais dans cette circonstance au moins, il ne sera pas un ridicule et vain plâtrage.

C'est en 1531 que, pour la première fois, les magistrats de la ville affectèrent un immeuble à la prostitution publique. On prépara, dit le 1er registre consulaire, *une maison commune de débauche, de six chambres,* et on fit *icelles garnir de filles de joie.* Le mal était bien restreint à cette époque ; depuis, les établissements se sont multipliés; comme l'on sait, l'usage n'existe plus de ces lettres de change qui, dit M. P. Laforest, étaient délivrées à Paris « par des prostituées fameuses, afin que les voyageurs trouvassent des filles dans les villes où ils passaient ».

Maintenant les provinces connaissent l'immoralité ; toutes les villes ont accepté la corruption qui leur venait d'ailleurs.

Mais une chose remarquable et qui fait le plus grand honneur aux administrateurs-intendants, c'est que le foyer du mal fut resserré dans un même lieu, afin d'en prévenir les développements. C'est ainsi que Viraclaud reçut l'abjecte destination pour venir jusqu'à nos jours avec la même physionomie. Nous semblons ne vouloir plus agir comme nos pères et ne plus enserrer fortement la corruption dans des limites ; en sorte qu'elle tend à se répandre de plus en plus.

Quel homme agirait le mieux de celui qui trouvant des ordures au milieu d'un salon, les éclabousserait d'un coup de balai ou de celui qui les enlèverait proprement pour les mettre dans un coin ? Ce serait le second, n'est-il pas vrai ?

Peut-être serait-il mieux aussi, comme nous le disions au début de ce livre, d'assigner une limite à la prostitution. Mais les difficultés à surmonter pour l'établissement de ce qui nous apparait comme bon peuvent être grandes et nous nous garderons bien d'imiter le prétentieux villageois dont le fabuliste se moque adroitement dans ces vers :

« C'est dommage, Garot, que tu n'aies point été
Au conseil de celui qui prêche ton curé. »

Nous constatons simplement :

Chassées de leurs habitations, les filles ont battu la ville pour trouver des refuges. Mais elles ont rencontré partout des résistances contre lesquelles il a fallu plier. Chasser le serpent du fourré, lui dire ensuite, vis où tu pourras, c'est facile. Mais qui voudra le recevoir ? Qui, par charité, par intérêt même, s'exposera jour et nuit à sa morsure ? Et le reptile redouté, trouvant fermées toutes les portes, ira par le monde, s'abritant n'importe où, vivant aux dépens de tous, mordant quand il aura faim, sans distinction d'âges ou de personnes.

Là est le mal.

Qui ne connaît le spectacle des rues quand la nuit tombe ? Sur toutes les grandes voies, il est à peu près impossible de faire deux cents pas sans être arrêté par une jeune galante, nu-tête, marchant avec une désinvolture qui fait songer aux hommes de la garde du grand Frédéric, roi de Prusse, et vous lançant au passage des apostrophes de mauvais ton. La police est incapable contre un pareil état de choses : il faudrait un agent tous les vingt mètres pour avoir l'ordre. Le boulevard de Rochechouart, la place Pigalle et tout Montmartre ne sont rien, à côté des promenades de Limoges. Si, comme nous le disions tout-à-l'heure, Paris a corrompu la Province, la Province à son tour, comme un élève de génie n'ayant eu qu'un maître de talent (qu'on nous passe les mots trop beaux pour la chose), pourrait en apprendre à Paris.

Et que faire, dira la fille de plaisir ?

Il est difficile quand on a vécu de prostitution de cesser d'en vivre. L'eau capable de laver les taches faites par le vice ne coule pas à pleins bords, on n'en trouve pas toujours ; puis à quoi bon se presser de regretter ses fautes, quand on est sûr que le monde ne croit pas aux résolutions et se moque du repentir ! On n'a du reste d'autres moyens que le *Refuge* et le *Refuge* ne sourit pas. Etre soumis à une règle, ce serait dûr ; il vaut mieux être l'esclave de ses passions et gémir dans une triste misère.

Le monde est ainsi fait qu'il est incapable de la moindre gêne ; il lui plaît de croupir dans la fange et le malheur plutôt que de faire effort pour atteindre l'honneur et la félicité. La fortune vient en dormant, dit-on, il n'y a pas de proverbe pris à la lettre comme celui-là qui ait reçu une plus fâcheuse interprétation.

Beaucoup de pauvres femmes seraient prêtes à le discuter aujourd'hui. Quelques-unes, paraît-il, n'ayant trouvé d'autre abri que celui de la voûte des cieux, ont dormi le long des haies, aux environs de la ville. Il eut été curieux peut-être d'interviewer l'une d'elles et les journalistes, parfois à court de nouvelles, auraient sans doute fait des colonnes bien intéressantes.

Faute d'interview en forme, par voie de rédacteur, on nous permettra de rapporter une petite conversation dont on appréciera la plate philosophie :

A l'extrémité d'un faubourg déjà loin des maisons, une fille se dirige vers la campagne. Un Monsieur vient à la croiser.

— (*Toux légère*). Monsieur ?...

— Mademoiselle ?

— Bonsoir !

— Bonsoir !

— Vous ne me diriez pas l'heure ?

— Bientôt minuit, Mademoiselle.

— Il est bien tard ?

— N'est-ce pas ?

— Oui ?...

. . . .

S'approchant. — Dis donc, où vas-tu ?

— Chez moi ; en ville.

— Ah !... *Le monsieur continue sa route ; la demoiselle se met au pas avec lui.* Moi j'allais me coucher.

— De ce côté ?

— Oui !... dans les bois !

— Vous n'avez donc pas de chambre ?

— On a *soulevé* ma maison ! L'administration démolit notre quartier !

— Ce n'est pas une raison.

— Comment ?... On ne veut de moi nulle part, pas plus que des autres !

— Il faut quitter la ville !

— Et l'argent, crois-tu que sa grêne dans ma poche ?

— Que pensez-vous devenir ?

— Ah ! tu sais, tu peux me tutoyer ; je ne suis pas habituée à ce qu'on me parle comme au bon Dieu, va !

— Soit. Que penses-tu devenir, alors ?

(Soupir) . . . .

— Il faut travailler.

— Qu'as-tu dit ?

— Il faut travailler.

— Tu te f...iche de moi ?

— Pourquoi ?

— Penses-tu que je sois faites pour bêcher ? Ça ne me connaît pas, ça !

— Tu vivrais, au moins.

— Je ne suis pas morte.

— On meurt quelquefois de ne pas manger.

— Ma foi ! Quand j'y serai, ce sera fini ! Un peu plus tôt, ou un peu plus tard, ça m'est égal.

— Tu pourrais en travaillant porter un peu de toilette, avoir une couturière comme tout le monde, suivre la mode un brin ; faire genre, quoi !

— Ah... ça... c'est vrai !... Mais bah ! s'il faut acheter ces avantages par le travail, je m'en moque. D'ailleurs si je voulais faire quelque chose de mes doigts, qui consentirait à m'occuper ? Que pourrais-je faire ?

— Pour cela, sois tranquille, j'ai des relations ; tu seras placée avant deux jours.

— Merci ! tu es vraiment trop bon; ne te dérange pas !

— Pauvre fille !

— Tu as l'air de me plaindre ?

— Oui !...

— Pourquoi ?

— ! . . . .

— Tu me crois malheureuse ?

— Peut-être !

— Non. Vivre dans l'opulence ne me déplairait pas, mais les richesses ne sauraient changer ni mes opinions ni mes goûts. Quand j'aurais cent mille francs de rentes, il me faudrait encore la vie que je mène.

— C'est de la rage !

— Eh !

— Je n'ai rien dit.

— L'espérance de la fortune la plus belle ne me ferait pas abandonner un homme qui me battrait chaque soir. J'aime ça !...

— ! . . . .

— Ah ! si j'avais été riche en venant au monde, peut-être j'aurais eu d'autres idées. Mais la pauvreté fait corps avec moi depuis ma naissance !

— As-tu connu tes parents ?

— Oui ! Mon père, qui était sans biens. La première fois qu'il me vit porter la robe dont le prix était ma vertu, il ne me demanda même pas d'où elle venait ! Il le savait sans doute. Ce consentement tacite m'enhardit et depuis j'ai roulé, je ne m'en cache pas !

— Et tu veux rouler encore ?

— Oui !

— Jusqu'à ?...

— Jusqu'à la mort.

— Et l'honneur ?

— Comment ?

— Et l'honneur ?

— *Quéque* c'est que ça ? J'en ai jamais vu. Ça vient-il de Madagascar ?

— !...

— J'en ai cependant entendu parler quelquefois par une amie qui disait qu'elle en avait sous ses semelles !

(*Silence et dégoûts justifiés*).

— Vois comme la lune nous regarde.

— C'est vrai.... Dis-moi, tu n'as jamais aimé ?

— Je ne sais pas.

— C'est drôle !

— Une fois pourtant !... Mais *il* voulait me rendre sage, ça nous a brouillé......

— *A part.* Ça ne m'étonne pas.

— Mais où me conduis-tu ?

— Nulle part.

— Tu ris, n'est-ce pas ? Où loges-tu ?

— Que t'importe ?

— Allons ! tu ne veux pas que je retourne seule me coucher, là bas ? à cette heure ! Mon lit n'est pas fait.

— Tiens !

— Quoi ?

— Un louis que je te donne.

— Merci.

— Tu retourneras seule ?

— Oui ! oui ! Ne t'inquiète pas. Au revoir !

— Adieu !

Ce dialogue donne un aperçu de ce qu'un tranquille promeneur est sujet à rencontrer dans une ville à toute heure. C'est exceptionnel heureusement ! Le temps mettra sans doute les prostituées dans une situation moins précaire, et leur permettra de trouver des abris.

Même en cette matière, la charité peut faire son œuvre, partout où se trouvent des malheureuses. Et pour savoir comment l'exercer, écoutons ces huit vers d'un grand poëte :

« Je comprends qu'on se penche avec fraternité
« Vers les êtres qui sont hors de l'humanité,
« Qu'on éclaire leur nuit; mais qu'on s'y précipite,
« Non. Je veux, de ce gouffre où la bête palpite,
« Faire monter, labeur superbe et hasardeux,
« Les monstres jusqu'à nous, et non tomber près d'eux;
« Je veux être pour eux non l'égal, mais l'archange,
« Et leur donner mon âme et non prendre leur fange. »

V. HUGO.

TABLE

259